AF509288

CAHIER DES CHARGES

CLAUSES ET CONDITIONS

DE

L'ADJUDICATION DES DROITS DE PLACE

ET DE STATIONNEMENT

DANS LA VILLE DE ROUEN

CAHIER DES CHARGES

CLAUSES ET CONDITIONS

DE L'ADJUDICATION

DES

DROITS DE PLACE

ET DE STATIONNEMENT

DANS LA VILLE DE ROUEN,

CONTENANT L'OBLIGATION,

PAR L'ADJUDICATAIRE,

DE FAIRE L'ENLÈVEMENT DES BOUES

DANS LADITE VILLE.

ROUEN

Julien LECERF et DUVAL, impr. de la Cour impériale et de la Mairie
RUE DES BONS-ENFANTS, 46-48.

CAHIER DES CHARGES,

CLAUSES ET CONDITIONS

DE

L'ADJUDICATION DES DROITS DE PLACE

ET DE STATIONNEMENT

DANS LA VILLE DE ROUEN,

CONTENANT L'OBLIGATION,

PAR L'ADJUDICATAIRE,

DE FAIRE L'ENLÈVEMENT DES BOUES

DANS LADITE VILLE.

DROITS DE PLACE.

ARTICLE 1er.

Les droits de location de places à percevoir, au profit de la Ville dans les foires, marchés, places et rues de la ville de Rouen, seront mis en adjudication, pour l'espace de cinq années, à partir du 1er janvier 1867, en l'Hôtel-de-Ville, aux jour et heure qui seront fixés par le Maire.

L'adjudicataire de ces droits de location de place aura l'obligation de faire enlever les boues dans toute la ville de Rouen, pendant les cinq années de sa jouissance, conformément aux clauses et conditions insérées dans les articles 32, 33 et suivants du présent cahier des charges.

ARTICLE 2.

Sont exclus de la location :

1° La halle aux grains et farine ;

2° La halle aux toiles et ses dépendances ;

3° Le marché aux bestiaux ;

4° L'emplacement occupé le long de la rue Saint-Sever sur le marché des Emmurées par les hallettes, que l'adjudicataire sera tenu d'enlever ;

5° Sur le Vieux-Marché : l'emplacement affecté à la vente à la criée du poisson, lequel emplacement va occuper la partie ouest du nouveau pavillon de la poissonnerie, et est loué directement par la Ville aux vendeurs en gros commissionnés en vertu de l'article 1er de l'arrêté du Maire de Rouen, à la date du 8 vendémiaire an xii ; les huit hallettes à la boucherie existant en ce moment, et toutes celles à établir, pour le même usage, dans le pavillon qui sera construit au sud de ce marché ; la halle à la criée de la volaille, du gibier, des œufs et du beurre, qui doit être aussi transférée dans le pavillon à édifier.

6° La halle à la criée de la viande, sise sur la place de la Haute-Vieille-Tour ;

7° Le droit de stationnement dû par les voitures publiques, omnibus, fiacres et citadines, diligences, gondoles et autres du même genre qui auront obtenu des permis de stationnement sur la voie publique.

Cette exception ne comprend pas les voitures approvisionnant les marchés et autres qui sont déposées momentanément sur les places et voies publiques, et sur lesquelles les Fermiers actuels perçoivent la taxe d'étalage.

8° Les marchandises et autres objets qui sont déposés sur les quais, ou sur la voie publique à leur arrivée soit par eau, soit par terre ;

9° Les matériaux destinés à la construction ;

10° Les voitures arrêtées à la porte des particuliers, durant le temps nécessaire à leur chargement ou à leur déchargement ;

11° La foire et les marchés aux laines ;

12° Les marchés aux fourrages ;

En un mot, les restrictions ci-dessus étant simplement énonciatives, l'adjudication actuelle comprend seulement la perception des droits de place dont M. Hyrvoix est en ce moment le Fermier, moins ceux de la halle aux toiles que la Ville se réserve, et ceux des hallettes du marché des Emmurées, que l'adjudicataire sera tenu de démolir.

ARTICLE 3.

L'Adjudicataire ne pourra percevoir d'autres droits que ceux qui sont déterminés dans les tarifs votés par le Conseil municipal et approuvés par l'Autorité supérieure.

ARTICLE 4.

L'adjudication aura lieu aux enchères publiques à l'extinction des feux, au plus offrant et dernier enchérisseur, et pour cinq années consécutives, qui commenceront le 1er janvier 1867 et finiront le 31 décembre 1871.

ARTICLE 5.

Les enchères seront ouvertes sur une mise à prix de 142,000 fr.

Le chiffre des enchères sera déterminé par le Bureau d'adjudication.

ARTICLE 6.

Les personnes qui voudront concourir à l'adjudication devront faire élection de domicile à Rouen, avec renonciation au délai des distances et consentement à ce que toute assignation ou notification, faite au domicile élu, vaillent comme si elles l'auraient été au domicile réel.

Elles devront, avant l'ouverture des enchères, justifier, par un récépissé, du dépôt fait à la caisse du Receveur municipal, d'une somme de 10,000 fr.

Immédiatement après la séance d'adjudication, cette somme de 10,000 fr. sera retirée par les enchérisseurs qui ne seront pas Adjudicataires (1).

Ceux qui voudront enchérir devront en outre, huit jours au moins avant l'adjudication, justifier de leur moralité et de leur solvabilité, au moyen d'un certificat délivré par le Maire de la commune qu'ils habitent, et s'ils ont géré une ferme de droits de place ou d'octroi, ils devront en outre apporter une attestation de capacité et de bonne gestion, délivrée par le Maire de la commune dont ils auront été les fermiers.

ARTICLE 7.

Dans la huitaine de la notification qui lui sera faite de l'approbation donnée à l'adjudication par le Préfet, l'Adjudicataire devra verser dans la Caisse municipale la somme de 22,000 fr., pour, avec les 10,000 fr. déjà versés à titre de dépôt de garantie, compléter son cautionnement définitif lequel demeure fixé à 32,000 fr.

Ce cautionnement ne produira pas d'intérêts, mais il pourra être remplacé par un titre sur l'Etat 3 p. 0/0 au porteur, d'un revenu net de 1,500 fr. Dans ce cas, il sera tenu compte, au fermier, par la Caisse municipale, des intérêts que le titre rapportera.

(1) Les 10,000 fr. déposés par l'Adjudicataire devant servir à son cautionnement, ne pourront être repris par lui.

Le cautionnement ne sera restitué qu'après l'entière exécution du marché.

ARTICLE 8.

Faute par l'adjudicataire de compléter, dans le délai fixé, le cautionnement ci-dessus stipulé, il sera de plein droit déchu du bénéfice de son adjudication, sans qu'il soit besoin d'acte de mise en demeure et par la seule échéance du terme, conformément à l'article 1139 du Code Napoléon. Le Maire fera immédiatement procéder à une nouvelle adjudication à sa folle enchère.

Ce cas échéant, les 10,000 fr., déposés par lui, demeureront affectés au paiement des frais faits par la Ville à titre de clause pénale et de dommages-intérêts, sans préjudice de plus ample indemnité, s'il y a lieu d'en réclamer.

ARTICLE 9.

On ne pourra rien étaler, placer, ni exposer dans les rues, places et marchés, qu'aux endroits qui seront indiqués, suivant les ordres du Maire, par le fonctionnaire qu'il aura délégué, et en conformité des plans d'alignement qui seront délivrés au fermier, afin que la voie publique ne soit ni encombrée, ni embarrassée.

Le fermier devra d'ailleurs se soumettre à tous les changements qui pourraient être prescrits par le Maire pendant la durée du bail, lors même qu'il en résulterait l'obligation de laisser une plus ou moins grande partie de terrain libre, en quelque lieu que ce soit.

Conséquemment, dans le cas où un chemin de fer ou bien un embranchement serait établi à travers un emplacement quelconque susceptible de donner lieu à la perception de droits de place, la Ville n'aurait à payer, au fermier, aucune indemnité. Il en sera de même dans le cas où il serait établi des expositions régionales, des concours agricoles, régionaux ou non, des foires aux laines ou autres marchandises, et dans tous les cas enfin où l'Administration disposera d'un emplacement quelconque.

Il demeure dès-lors entendu que la Ville aura le droit d'enlever, ou de déplacer, sans indemnité, les hallettes du Vieux-Marché, afin de faire édifier, en remplacement desdites hallettes, le deuxième pavillon des halles centrales, d'après les projets arrêtés par le Conseil municipal.

ARTICLE 10.

Les places des étalagistes seront assignées sur les marchés, dans les divisions affectées à chaque espèce de marchandise, par le fermier, sauf l'approbation du Maire, laquelle sera donnée s'il y a lieu, sur l'avis de l'Inspecteur des marchés.

ARTICLE 11.

Il est formellement défendu aux étalagistes de dépasser les alignements qui leur seront donnés, sous peine d'expulsion et sans préjudice des poursuites qu'ils auraient encourues pour embarras de la voie publique.

ARTICLE 12.

Les étalagistes ou regrattiers seront tenus :

1° De se faire inscrire à la Mairie;

2° D'obtenir, du délégué du Maire, une permission et un numéro d'ordre;

3° De n'occuper que la place qui leur aura été assignée par la permission d'étalage.

4° De mettre, au devant de leur étalage, un écriteau dont la forme leur sera désignée, et qui portera leurs nom et demeure et la date de la permission.

Ces diverses obligations sont imposées aux étalagistes, aussi sous peine d'expulsion, et sans préjudice des poursuites encourues pour contravention aux règlements de police.

ARTICLE 13.

Il est défendu d'étaler sur la voie publique et même sur les marchés des mousselines, des toiles et mouchoirs neufs ou en pièces, ni aucuns objets neufs tenant à la grosse mercerie, ni enfin aucunes marchandises exposées dans les diverses halles de la Ville.

Sont exceptées de cette défense les places Saint-Marc, Basse-Vieille-Tour et Saint-Sever, où l'on pourra exposer des marchandises de cette nature.

ARTICLE 14.

La vente en gros des grains, farines, fèves et grenailles ne peut avoir lieu que dans les halles aux grains, conformément aux règlements municipaux.

ARTICLE 15.

Les étalagistes qui occuperaient des places dans les rues et autres parties de la voie publique, seront tenus de les abandonner et d'étaler dans les marchés affectés à l'espèce de marchandises qu'ils débitent, à moins qu'ils n'aient obtenu du Maire une permission écrite; cette permission ne les dispensera pas de payer le même droit que s'ils étalaient sur une place publique.

ARTICLE 16.

Les étalagistes, non placés sous des abris fixes, se serviront d'abris mobiles uniformes en grandeur et façon et conformes au plan qui en sera donné au fermier.

ARTICLE 17.

Le fermier obligera les étalagistes de toutes les places et marchés à tenir leurs abris mobiles en bon état, à les démon-

ter et à les enlever tous les jours, à l'instant où cessera la
tolérance d'étalage, de manière à rendre les marchés et places
entièrement libres.

ARTICLE 18.

Il fera balayer et nettoyer les places et marchés deux fois
par jour, le matin avant neuf heures, et le soir avant cinq
heures. Les dimanches et jours de fêtes, le balayage s'effec-
tuera dès le matin, quand l'étalage ne sera pas toléré, et à
l'heure indiquée pour la cessation de l'étalage, quand il aura
été toléré.

Le fermier fera aussi enlever les ordures et cailloux qui ne
devraient pas l'être par le sous-entrepreneur de l'enlèvement
des boues.

En cas de négligence, l'Inspecteur des halles et marchés
préposera, au balayage et nettoyage, le nombre d'ouvriers et
la quantité de banneaux qui seront jugés nécessaires pour les
effectuer convenablement. Le fermier sera tenu de payer les
frais de journées sur l'état qui en sera dressé par ce fonctionnaire.

Le fermier fera nettoyer et laver deux fois, pendant la durée
de son bail, en 1868 et en 1870, les persiennes en verre des
deux pavillons du Vieux-Marché.

Le fermier devra exiger que les étalagistes des deux pavillons du Vieux-Marché, écurent les robinets de leurs étaux
une fois par semaine; en cas de négligence, la Ville fera faire
ce nettoyage aux frais de l'adjudicataire.

ARTICLE 19.

Le concessionnaire sera chargé, sans aucune indemnité :

1° De toutes les réparations incombant ordinairement aux
locataires ;

2° Des grosses réparations qui seraient occasionnées par son fait, celui de ses agents ou des étalagistes;

3° De faire balayer, nettoyer et laver, en un mot d'entretenir dans un état constant de propreté toutes les parties des marchés et du matériel mis à sa disposition;

4° De renouveler les peintures, sous la surveillance de l'Architecte de la Ville et sur ses indications, une fois dans le courant de son bail, en quelque état qu'il les ait prises;

5° De faire faire les réparations nécessaires aux couvertures, charpentes, pierres, vitrages, persiennes, et pavages en asphalte des abris établis sur la place du Vieux-Marché;

6° D'entretenir en bon état les boutiques existant sur la place du Clos-Saint-Marc, sur la place Saint-Sever, sur la place des Parcheminiers, sur la place du Vieux-Marché, sur la place du Marché-Neuf et sur toute autre place où des hallettes appartenant à la Ville seraient transportées, construites et mises à la disposition du fermier pour en percevoir les droits de place, qu'il s'agisse de grosses ou de menues réparations.

Il devra prendre, en conséquence, toutes les mesures nécessaires pour la conservation et l'entretien de tout ce qui fait l'objet de la location, de manière à le rendre en parfait état à la fin de la jouissance de son bail.

Les réparations, signalées au fermier et non exécutées dans un délai de trois jours, seront faites, à ses frais, par des ouvriers d'office désignés par le Maire.

Le concessionnaire devra, en outre, démolir, à ses frais, un mois après son entrée en jouissance, les hallettes qui se trouvent sur le marché des Emmurées, le long de la rue Saint-Sever, et livrer, à la Ville, l'emplacement desdites hallettes parfaitement nivelé, afin qu'elle agrandisse le marché aux bestiaux

ARTICLE 20.

L'Administration municipale aura le droit de prescrire, au concessionnaire, pendant la durée de son bail, l'établissement d'un autre mode d'étalage, sur le bel de la Haute-Vieille-Tour, que celui qui se pratique actuellement, afin de le mettre en rapport avec les exigences de l'époque, eu égard à la nature des marchandises qui y sont exposées et mises en vente.

ARTICLE 21.

Le fermier ne pourra, sous aucun prétexte, sous-affermer, ni céder tout ou partie des droits de location de places qui lui sont concédés par ces présentes, même en restant garant et responsable de ses sous-traitants.

Toute infraction à cette disposition entraînera la déchéance du fermier et la résolution de plein droit de son bail pour le restant de sa durée.

ARTICLE 22.

La Ville se réserve la faculté de placer, à tels endroits qu'elle jugera utile, des bureaux fixes pour la perception des droits d'octroi, de pesage et mesurage ou tout autre service public, même pour les ventes à la criée gérées par la Mairie, sans aucune indemnité ni réduction du prix du bail pour le concessionnaire. Ce dernier devra souffrir, également sans indemnité, tous les travaux et déplacements nécessités pour le passage du gaz sous une ou plusieurs boutiques ou bien à travers toutes places et marchés.

Il en sera de même pour le pavage, les aqueducs, les conduites d'eau, les fontaines et réservoirs établis ou à établir dans la Ville et tous autres travaux publics.

Indépendamment des réserves faites par l'Administration, pour ce qui concerne l'occupation temporaire ou définitive de la voie publique, il est particulièrement expliqué que le fermier n'aura aucun droit, ni aucune indemnité à réclamer pour toutes les constructions qui seraient établies sur les halles, places, rues, promenades, etc., lors même que ces constructions serviraient à la vente de marchandises.

Il en sera de même pour les augmentations ou les nouveaux articles de perception qui seraient ajoutés au tarif actuel.

ARTICLE 23.

Le prix annuel du bail sera versé entre les mains du Receveur municipal, par douzième et par avance, le 5 de chaque mois, pour le douzième qui commence.

En cas d'inexécution de cette clause, le bail serait résilié de plein droit; il en serait de même si le concessionnaire ne remplissait pas tout ou partie des obligations qui lui sont imposées par son marché; la résiliation, cependant, ne pourrait avoir lieu pour de simples infractions de police.

La concession ainsi résiliée, il serait passé une adjudication à sa folle enchère, ou établi une régie, et la perte, s'il y en avait, serait supportée par lui.

ARTICLE 24.

Dans le cas où l'Administration jugerait convenable de porter les champs-de-foire sur d'autres points que ceux où ils sont maintenant établis, ou de faire tout autre changement dans le placement des baraques ou étalages, même des suppressions, le fermier ne pourra réclamer aucune réduction ou indemnité quelconque sur le prix de son bail.

ARTICLE 25.

Le concessionnaire devra tenir une comptabilité régulière; il remettra, chaque mois, à la Ville, le bordereau de ses recettes et dépenses. Ce bordereau, arrêté contradictoirement avec un Inspecteur-Contrôleur, nommé par le Maire de Rouen et payé par la Ville, indiquera, d'une manière exacte et précise, l'importance des recettes de la ferme :

1° Par chaque jour ;
2° Par chaque marché ou foire ;
3° Par chaque nature de perception.

Le fermier sera obligé de donner communication de ses registres toutes les fois qu'elle lui sera demandée par le Maire ou son délégué.

ARTICLE 26.

Le fermier devra avoir les employés nécessaires à la garde des places et marchés, soit de jour, soit de nuit. Il sera garant et responsable, envers les étalagistes, des délits qui pourraient être commis à leur préjudice, faute d'une surveillance suffisante.

Les gardiens des places et marchés seront payés par le concessionnaire.

ARTICLE 27.

Si le fermier vient à décéder, l'Administration aura le droit, si elle le juge convenable à la sûreté des intérêts de la Ville, de résilier le bail sans indemnité.

ARTICLE 28.

En cas de faillite ou de simple cessation de paiements du fermier, le bail sera résilié de plein droit par la notification, faite à celui-ci ou à son syndic, d'un arrêté du Maire qui prononcera cette résiliation ; et, dans ce cas, le cautionnement sera acquis à la Ville, jusqu'à concurrence de ce qui lui sera dû, et des frais nécessités par une nouvelle adjudication.

ARTICLE 29.

L'adjudicataire devra rembourser, le 1er janvier 1867, au fermier actuel, la somme de 29,804 fr. 72 c., montant du reliquat des dépenses qui ont été faites, tant par lui que par ses prédécesseurs, sur les marchés de la Ville.

Cette somme sera remboursée, à la fin de son bail, à l'adjudicataire, sous la déduction de 1,500 fr. par année de durée de bail, pour l'amortissement.

Ladite somme de 29,804 fr. 72 c. produira des intérêts à raison de 5 p. 0/0 par an, qui seront payés par la Ville, sauf déduction de 75 fr. d'intérêts par année, correspondant à la partie du capital qui sera amorti.

Le fermier sera tenu de céder, sur expertise contradictoire, à son successeur, les boutiques et étaux qu'il pourrait être autorisé à construire sur les marchés.

ARTICLE 30.

Les terrains, occupés par les foires , devront être rendus libres et débarrassés de tout obstacle, dans la quinzaine de la clôture des foires.

Le fermier sera tenu de faire réparer, après la tenue de chaque foire, les parties du pavé et les terrains qui auraient été dégradés par le placement des poteaux, baraques, etc. A cet effet, les pavés démontés seront rétablis, ceux cassés seront remplacés par des pavés neufs de grès, les trous et les traces faits par les étalagistes seront fermés avec du sable et le balayage aura lieu dans toute l'étendue des champs de foire.

Faute par le fermier de faire procéder à ces travaux ainsi qu'il est dit ci-dessus, il y sera pourvu d'office et à ses frais.

2

ARTICLE 31.

Le fermier, indépendamment des droits de timbre et d'enregistrement, des frais d'adjudication et des honoraires du notaire chargé de cette adjudication, lesquels droits, frais et honoraires sont et demeurent à sa charge, supportera les frais :

1° D'impression de 100 exemplaires du présent cahier des charges;

2° De publications dans les journaux et d'affiches, qui auront lieu, pour parvenir à l'adjudication , ainsi que les frais de criée.

Au moment de l'adjudication, il sera donné connaissance de l'état de ces frais, arrêtés par le Maire, et le fermier ne pourra, plus tard, en contester l'importance.

ENLÈVEMENT DES BOUES.

ARTICLE 32.

L'enlèvement des boues et ordures aura lieu, tous les jours, dans toutes les rues, chaussées des rues et des boulevards, impasses, passages, places, carrefours, marchés, quais, et dans toutes les communications du public, classées ou non.

ARTICLE 33.

Le territoire de la ville de Rouen est divisé, pour le service du nettoiement, en huit arrondissements.

Le premier arrondissement est subdivisé en six sections.

La première comprend :

Les faubourg et pavé Saint-Hilaire, depuis la limite de Darnétal jusques et y compris la rue des Sapins, la demi-lune de Saint-Hilaire, le boulevard Martainville jusqu'au pont d'Aubette, les rues des Prés, du Couaque et Edouard-Adam.

La deuxième :

Le boulevard du Champ-de-Mars, la rue de Fontenay, la place du Champ-de-Mars, le faubourg Martainville, le Val-d'Eauplet, la route et le cours de Paris jusqu'à la Nitrière.

La troisième :

Les rue et place Martainville, jusques aux rues du Ruissel et du Figuier, les rues Saint-Marc, Armand-Carrel, du Rempart-Martainville , depuis la rue Martainville jusqu'à la rue des

Espagnols, la rue Saint-Eustache, le clos Saint-Marc et les rues adjacentes, le quai Napoléon, de la Nitrière à la porte Guillaume-Lion.

La quatrième :

Les rues du Ruissel, des Poulies et des Penteurs, Napoléon III, depuis la rue du Ruissel jusqu'à Bicêtre, de la Vigne, de la Glos, des Marquets, de la Chèvre, Toupas, des Espagnols, jusques et non compris la porte Guillaume-Lion.

La cinquième :

Les rues du Pavillon, du Fer-à-Cheval, du Gril, de Ronde, Tour de Bicêtre, du Bon-Espoir, du Paradis, du Chaperon, Planche-Ferrée, du Bas, de la Marêquerie, Bourgerue et Caumont.

La sixième :

Toutes les rues adjacentes à l'Eau-de-Robec, depuis la porte Saint-Hilaire, jusques et y compris le Pont-de-l'Arquet, la rue Eau-de-Robec, depuis le Pont-de-l'Arquet, jusqu'au pont du boulevard Martainville.

Le deuxième arrondissement de la ville de Rouen est divisé en cinq sections.

La première comprend :

Le rues Saint-Hilaire, cul-de-sac Pilavoine, place de la Croix-de-Pierre, rue Saint-Vivien, cul-de-sac Descordes et rue des Faulx.

La deuxième :

Les rues de la Rose, du Mont, cul-de-sac de la Hache, les rues des Pénitents, des Cantelles, de la Cigogne-du-Mont, Bassesse, impasse Hérisson, les rues Sainte-Geneviève-du-Mont, des Capucins et cul-de-sac de la Folie.

La troisième :

Les rues Orbe, des Matelas, Pomme-d'Or, Fleuriguet, de l'Amitié, des Maîtresses, de l'Epée, Coignebert, de la Moëlle, d'Enfer, des deux Anges, Saint-Nicaise, de la Roche, Poisson, Neuve-Saint-Nicaise, de la Cage, des Champs, Poitron, des Marqueurs, Daliphard, Tirhuit, Tirelinceuil et Pitry.

La quatrième :

Les rues Bourg-l'Abbé, du Grand et du Petit-Maulévrier, des Minimes, Caron et cul-de-sac Caron, place de la Rougemare, rue du Vert-Buisson, grande et petite rue des Carmélites, rue du Petit-Porche, de Montbret, de la Seille, Dulong, et la partie de la rue Impériale qui s'étend de la rue Bourg-l'Abbé à la place Beauvoisine, ainsi que la rue Sainte-Marie, aboutissant au boulevard.

La cinquième :

Les rues Beauvoisine, de l'Hôpital, place de l'Hôtel-de-Ville, rues de l'Hôtel-de-Ville jusqu'à la rue Beauvoisine, de la Cigogne, des Arsins, et la partie de la rue Impériale comprise entre la place de l'Hôtel-de-Ville et la rue Bourg-l'Abbé.

Le troisième arrondissement de la ville de Rouen est divisé en trois sections.

La première comprend :

Les rue Bihorel, sente Bihorel, boulevards Bouvreuil et Saint-Hilaire, à partir de la rue Alain-Blanchard, jusqu'à la demi-lune de Saint-Hilaire, rues Bonnefoi, Bras-de-Fer, du Champ-des-Oiseaux, du Champ-du-Pardon, d'Ernemont, Etroite, Jouvenet, Longue, Malatiré, Saint-Maur, rue et cul-de-sac du Nord, grande route de Neufchâtel, rues des Pommiers-Mallet, des Plains-Champs, Porcherie, du Petit-Bouvreuil, Maladrerie, Verte, du Pérou, de la Rampe, Raboteuse, des Sapins, de Tivoli, Traversière, Verdière, grande et petite rue de l'Avalasse, du Moineau, Neuve-Beauvoisine.

La deuxième :

Les rues du Rempart-Bouvreuil, d'Ecosse, du Cordier, Beffroi, de l'École, place Saint-Godard, grande rue Saint-Laurent, de l'Ecureuil, Boutard, porche Saint-Godard, Gauterie, des Basnage et de l'Hôtel-de-Ville, depuis la rue Beauvoisine jusqu'à la rue de l'Impératrice.

La troisième :

Les rues Alain-Blanchard, de l'Impératrice, depuis le boulevard Bouvreuil jusqu'à la rue des Bons-Enfants, Morand, Faucon, du Moulinet, Saint-Patrice, du Bailliage, du Sacre, Dinanderie, Etoupée, des Champs-Maillets, Porte-aux-Rats, de Lémery, des Bons-Enfants, de l'Hôtel-de-Ville depuis la rue de l'Impératrice jusqu'à la place Cauchoise, et la place Solferino.

Le quatrième arrondissement de la ville de Rouen est divisé en trois sections.

La première comprend :

Les rues du Roi-Priant, de la Grosse-Bouteille, la porte Guillaume-Lion, en dedans les rues Porche-Fourré, Mamuchet, des Maillots-Sarrazins, des Arpents, des Augustins, du Plâtre, du Closet de la Madeleine, rue et place Impériale, depuis la rue des Augustins jusqu'au quai, quai Napoléon depuis la porte Guillaume-Lion jusqu'à la place Impériale.

La deuxième :

Les rues Malpalu, jusqu'à la fontaine Saint-Maclou, Martainville, de ladite fontaine au carrefour du Ruissel, des Avirons, Tuvache, du Nouveau-Monde, cul-de-sac des Haut

Jardins, place des Avirons, rues des Crottes, des Ravisés, du Chaudron et des Marettes.

La troisième :

Les rue Damiette, cul-de-sac du Haut-Mariage, place des Ponts-de-Robec, rues des Boucheries-Saint-Ouen, du Rosier, Napoléon III, depuis la place des Ponts-de-Robec jusqu'à la rue du Ruissel, de la Grande-Mesure, Eau-de-Robec, depuis le Pont-de-l'Arquet jusqu'au pont de la rue des Boucheries-Saint-Ouen, du Barbet et du Corbeau.

Le cinquième arrondissement de la ville de Rouen est divisé en trois sections.

La première comprend :

Les rues Grand-Pont, de la Savonnerie, Potard et les impasses, les rues de la Madeleine, du Bac, les places et rue du Gaillard-Bois, la rue Binet, la place des Arts, les rues des Boutiques, de la Tuile, des Tapissiers, du Hallage, la place de la Basse-Vieille-Tour, la rue de la Raquette, et la partie du quai entre la rue Grand-Pont et la place Impériale.

La deuxième :

Les rue et place Notre-Dame, rue du Change, place de la Calende, les rues des Bonnetiers, de l'Epicerie, des Fourchettes, de la Salamandre, la place de la Haute-Vieille-Tour, les rues des Halles, Saint-Denis, du Mont-Saint-Denis, et la partie de la rue Impériale comprise entre les rues des Halles et Saint-Romain, le bas de la rue Malpalu jusques et y compris la place de la Halle-aux-Grains.

La troisième :

Les rues des Carmes, Saint-Nicolas, de la Chaîne et la place des Carmes, les rues Géricault, du Petit-Mouton, de la

Croix-Verte, du Loup, Saint-Amand, Neuve-Saint-Amand, la place Saint-Amand, les rues du Père-Adam, des Chanoines, de la Croix-de-Fer, Caquerel, Saint-Romain, des Quatre-Vents, et la partie de la rue Impériale, comprise entre la rue Saint-Romain et la place de l'Hôtel-de-Ville.

Le sixième arrondissement de la ville de Rouen est divisé en trois sections.

La première comprend :

Les rues de l'Impératrice depuis la rue des Bons-Enfants jusqu'à la rue de la Grosse-Horloge, Ecuyère, Massacre, la place du Marché-Neuf, les rues Percière, du Tambour, Boudin, du Bec, des Ciseaux, de la Poterne, la cour du Palais, les rues des Fossés Louis VIII, Saint-Lô, le passage de l'ancien Hôtel-de-Ville, les rues aux Juifs, Thouret, de Socrate, Neuve-Massacre, Rollon et Guillaume-le-Conquérant.

La deuxième :

Les rues des Cordeliers, de la Grosse-Horloge depuis la place de la Cathédrale jusqu'à la rue de l'Impératrice, Haranguerie, Nationale, de la Vicomté, des Vergetiers, Saint-Vincent, cul-de-sac Saint-Vincent, la rue aux Ours tout entière et la rue de l'Impératrice, depuis la rue de la Grosse-Horloge jusqu'à la rue des Charrettes.

La troisième :

Les rues des Charrettes, depuis la rue de la Vicomté jusqu'à la place Corneille, de l'Impératrice, depuis la rue des Charrettes jusqu'au quai, la place Corneille, les rues de la Comédie, des Rocrois, la cour des Pigeons, les rues Cabot, Saint-Etienne, du Fardeau, des Iroquois, du Petit-Salut, Ricardière et du Gravier, le quai entre les rues Grand-Pont et de l'Impératrice.

Le septième arrondissement de la ville de Rouen est divisé en quatre sections.

La première comprend :

Les quai et avenue du Mont-Riboudet, depuis l'Abreuvoir jusqu'à la limite de la Ville, y compris le quai au Cidre, le boulevard Cauchoise, à partir dudit abreuvoir, place Cauchoise, le boulevard Bouvreuil, depuis cette place jusqu'à la rue Alain-Blanchard, et toutes les rues hors la Ville et au-delà desdits Boulevards, jusques et non compris la rue Saint-Maur.

La deuxième :

Les rues Cauchoise, des Béguines, de la Prison, Sainte-Croix-des-Pelletiers, de la Grosse-Horloge, depuis le Vieux-Marché jusqu'à la rue de l'Impératrice, la place du Vieux-Marché et les rues du Marché et de la Pie.

La troisième :

La place de la Pucelle, les rues Saint-Georges, Herbière, des Entrepôts, des Charrettes, depuis la rue de la Vicomté jusqu'à la place Henri IV, les rues des Ramassés, du Petit-Prévôt, le passage Lefebvre, la place Saint-Eloi, la rue du Panneret, le quai entre les rues de l'Impératrice et d'Harcourt.

La quatrième :

La place Henri IV, les rues du Vieux-Palais, de Fontenelle, d'Harcourt, leurs culs-de-sac, les rues des Charrettes prolongée, Saint-Jacques, Racine, de Crosne-en-Ville, du Cercle et de Florence, le quai entre la rue d'Harcourt et le boulevard Cauchoise.

Le huitième arrondissement de la ville de Rouen est divisé en deux sections.

La première comprend :

Les rue et place Saint-Sever, les rues du Pré, Tous-Vents, le côté sud de la route de Caen et toutes les voies publiques comprises entre les limites ci-dessus, les quais des Curandiers, de la Grande et de la Petite-Chaussée, les quais aux Meules et de la Caserne Saint-Sever.

La deuxième :

Le pont Corneille et toutes les voies publiques, places, impasses et quais compris entre les rue et place Saint-Sever, les rues du Pré, Tous-Vents, le côté nord de la route de Caen, le Grand-Cours, la limite de Rouen et la commune de Sotteville.

ARTICLE 34.

L'entrepreneur sera tenu d'avoir le nombre de chevaux et de voitures nécessaire pour exécuter le service, conformément aux dispositions du présent.

ARTICLE 35.

Indépendamment de la plaque prescrite par l'article neuf de la loi du trois nivôse an six, qui doit être clouée en avant de la roue et au côté gauche de la voiture, il sera tenu d'appliquer, au collier des chevaux de brancard, une plaque en tôle, peinte en blanc et à l'huile, sur laquelle sera inscrit, en noir, le numéro du banneau. Ces plaques seront renouvelées tous les ans. Il sera également attaché, devant ledit banneau, une forte sonnette pour prévenir le public de son passage.

ARTICLE 36.

Le charretier devra être pourvu de tous les outils nécessaires pour que l'enlèvement des boues et ordures soit parfait.

ARTICLE 37.

Chaque banneau sera toujours attelé du nombre de chevaux nécessaires au prompt enlèvement, et desservi par un homme âgé au moins de dix-huit ans et assez robuste pour faire le service avec célérité.

ARTICLE 38.

Pour assurer l'exécution de cette disposition, les hommes employés par l'entrepreneur ne pourront entrer à son service, pour cette partie, qu'après s'être fait agréer par le délégué du Maire, qui les enregistrera et leur délivrera une carte de service.

ARTICLE 39.

Le service de chaque section sera déterminé par MM. les Commissaires de police, de manière que les rues principales et les plus fréquentées soient toujours nettoyées les premières. A cet effet, tous les banneaux entreront en charge, tous les jours, à sept heures du matin, depuis le 1er avril jusqu'au 1er octobre, et à huit heures, depuis le 1er octobre jusqu'au 1er avril. Ils devront avoir terminé l'enlèvement en trois heures, excepté pour la première et la deuxième section du huitième arrondissement, pour lesquelles il est accordé quatre heures. Toutes les rues et places de chaque section devront être nettoyées tous les jours. Le concessionnaire devra, en outre : 1° enlever les boues liquides aussitôt après le balayage, soit au moyen de banneaux clos, soit en étendant, sur le pavé, du fumier ou toute autre matière absorbante; 2° enlever les écailles d'huîtres, les animaux morts et généralement tout ce qui est jeté à la rue, sauf les pierres, décombres ou débris de matériaux. Il enlèvera, deux fois par semaine, au moins, les écailles d'huîtres au domicile des marchands en gros et restaurateurs. Toutes les fois que des circonstances extraordinaires ou imprévues l'exigeront, notamment les jours de fêtes et cérémonies publiques, les heures ci-dessus fixées pourront être changées par l'Administration.

ARTICLE 40.

L'entrepreneur fera le service dans toutes les rues, impasses ou voies publiques classées ou non, existant actuellement ou qui pourraient être ouvertes, par la suite, dans l'étendue du territoire de la Ville, aussi bien dans les rues et places pavées que dans celles non pavées ou macadamisées.

Il n'aura droit à aucune indemnité pour changement ou suppression, soit partielle, soit totale, des rues et places.

ARTICLE 41.

Si, par des circonstances extraordinaires, l'enlèvement n'était pas terminé dans les délais fixés par l'article 39, les banneaux resteraient en activité toute la journée, et même la nuit, jusqu'à ce qu'il fût complet.

ARTICLE 42.

Dans les marchés, l'enlèvement des immondices, herbages et résidus quelconques, commencera, toute l'année, le matin,

avant huit heures. Il pourra avoir lieu deux fois par jour,
lorsque le Maire l'ordonnera. Dans ce cas, le second enlèvement se ferait à quatre heures du soir, et comprendrait les
rues adjacentes aux marchés, si l'Administration l'exige.

ARTICLE 43.

L'entrepreneur pourra se dispenser d'enlever les neiges et
les glaces; mais il ne pourra enlever les fumiers, boues et
ordures qui seront recouvertes par lesdites neiges et glaces.
Néanmoins il devra faire le service pour les ordures et
fumiers qui lui seront remis par les habitants, et que ceux-ci
ne pourront déposer sur la voie publique en temps de neige et
de gelée.

ARTICLE 44.

Dans le cas où l'entrepreneur ne ferait pas son service
convenablement et dans les délais prescrits, le Commissaire
de police préposera des ouvriers qui feront l'enlèvement d'office et à ses frais.

ARTICLE 45.

Ces infractions seront constatées par des procès-verbaux
des Commissaires de police et portées devant le tribunal
compétent pour l'application des peines et amendes prévues
par la loi.

ARTICLE 46.

L'entrepreneur aura la faculté de sous-affermer tout ou
partie de son entreprise de l'enlèvement des boues seulement,
pourvu qu'il fasse connaître et agréer par l'Administration
les sous-fermiers dont il restera garant et responsable.

En ce cas, les procès-verbaux des contraventions seront dressés contre le sous-entrepreneur.

ARTICLE 47.

Il sera rendu un arrêté pour renouveler les défenses à tous les cultivateurs, non sous-bailleurs directs ou indirects, de l'adjudicataire, d'enlever, pendant la durée du bail, aucuns fumiers, boues, ordures, écailles d'huîtres, tant de jour que de nuit, dans la ville de Rouen.

ARTICLE 48.

Les infractions à toutes les clauses du marché seront poursuivies, tant contre le contrevenant que contre le fermier, même cumulativement.

Les uns et les autres seront solidairement responsables des frais de poursuites et des condamnations.

ARTICLE 49.

Toutes les charges, clauses et conditions ci-dessus seront de rigueur et ne pourront être réputées comminatoires.

ARTICLE 50.

Le concessionnaire se soumettra à tous les règlements en vigueur ou à intervenir sur la tenue et la police des marchés.

ARTICLE 51.

Le présent sera soumis à l'approbation du Conseil

municipal et à celle de M. le Sénateur, Préfet du Département.

Fait à Rouen, en l'Hôtel-de-Ville, le 28 juin 1866.

Signé : LEFORT, *Adjoint.*

APPROUVÉ :

Rouen, le 17 juillet 1866.

Le Sénateur Préfet,

Signé : E. LE ROY.

Pour copie conforme :

Le Maire de Rouen,

LEFORT, *Adjoint.*

Rouen. — Imp. J. LECERF et DUVAL, rue des Bons-Enfants, 46-48.

www.ingramcontent.com/pod-product-compliance
Lightning Source LLC
LaVergne TN
LVHW021655170726
843501LV00007B/2587